AF563529

MÉMOIRE

AU ROI.

PAR M. LE BARON DE FERIET.

PARIS,
IMPRIMERIE DE LE NORMANT, RUE DE SEINE, N°. 8.
1815.

MÉMOIRE AU ROI.

SIRE,

Je suis gentilhomme français, émigré, sans fortune, depuis que je me suis attaché à la vôtre.

Dès le commencement de la révolution, j'ai quitté ma patrie ; vos ennemis sont devenus les miens ; j'ai combattu les fauteurs de la révolution et l'usurpateur de votre couronne.

Couvert de blessures, ruiné de fond en comble, je ne viens point, comme tant d'autres, demander le prix de mes services et de mon sang; je viens réclamer le seul bien qui me reste, l'honneur: cet honneur, qui m'est cent fois plus cher que la fortune et que la vie; cet honneur pour lequel j'ai bravé tant de dangers, de vils calomniateurs voudroient me le ravir; mais ils se trompent. Votre Majesté, jetant un coup-d'œil impartial sur tous ses enfans, fera tomber sur moi le regard de sa justice, et l'honneur me sera conservé.

Je suis entré à l'âge de treize ans au régiment de la Louisiane; j'étois orphelin: un homme respectable, M. le colonel de Bouligny, me servit de père, et je commençai ainsi ma carrière militaire sous les auspices et sous l'égide de l'honneur et de la vertu.

Je ne restai que deux ans dans le régiment de la Louisiane; en 1794, M. d'Harcourt, mon protecteur, me fit venir en Angleterre, et me fit entrer, comme sous-lieutenant, dans le régiment commandé par M. le duc de Mortemart; de là je passai dans la Légion Britannique, où j'ai servi jusqu'au moment de sa dissolution. Tous mes chefs, tous ceux du moins qui ont survécu à cette époque malheureuse, attesteront la régularité de ma conduite, la loyauté de mes principes et mon dévouement à la cause de mon Roi.

De retour à Londres, brûlant du désir de me signaler pour le service de VOTRE MAJESTÉ, je fis tous mes efforts pour obtenir de l'emploi. Désormais mon courage, SIRE, vous devenoit inutile; je ne pouvois plus vous offrir le secours de mon bras; je voulus, pour servir jusqu'à la fin votre cause, mettre en jeu toutes les ressources de mon intelligence.

Je fus accueilli par le ministère: on me crut du talent; mon caractère étoit connu; mes preuves étoient faites; j'obtins la confiance des ministres, comme j'avois obtenu celle de mes chefs; j'obtins la vôtre, SIRE, et celle de toute votre auguste Famille; je fus envoyé en mission secrète dans cette France, où l'anarchie levoit encore son glaive, où la vertu trouvoit encore ses bourreaux, où la proscription planoit encore sur la tête de vos fidèles serviteurs, où je ne pouvois faire un pas sans rencontrer un piége, et tomber dans le piége sans y trouver la mort.

Tant de périls ne m'intimidèrent pas. Quelles craintes, quel retour sur moi-même auroit pu m'arrêter lorsque je travaillois pour mon Roi? Soutenu par d'heureuses illusions, je me disois: Mes efforts seront couronnés; l'auguste Famille des BOURBONS reviendra sur le trône; je verrai le bonheur rayonner sur le front auguste de mon maître, l'ordre et le repos rentrer dans ma patrie; j'aurai coucouru pour ma part, foiblement il est vrai, mais de toutes mes forces, de tout mon courage, au rétablissement de l'antique monarchie française; mon Roi m'accordera un sourire; il me dira peut-être : *Je suis content de vos services :* noble et douce récompense qui étoit le seul objet de mon ambition !

Pendant trois ans consécutifs j'habitai Versailles et Paris tour à tour, à quelques voyages près que je faisois à Londres, lorsque j'y étois appelé par vos intérêts, ne négligeant rien pour rassurer votre parti, employant tous mes efforts pour en rapprocher les élémens dispersés, j'avois su, autant par mon bonheur que par mon adresse, fasciner les yeux vigilans de la police française. Je me liguai avec le général Servan, qui, projetant une grande révolution en France, m'avoit confié ses desseins et les ressorts qu'il vouloit faire jouer pour mettre Buonaparte *hors de la loi.* Il s'étoit assuré d'un parti dans le Sénat. Le mouvement devoit s'opérer à Paris et dans la Vendée au moment où Buonaparte s'empareroit de Berlin. Je fus chargé par lui de négocier avec lord Lauderdal, qui se trouvoit à Paris, afin que le gouvernement britannique reconnût, sans difficulté, le gouvernement provisoire qui devoit être établi en France, en attendant que l'on pût traiter avec VOTRE MAJESTÉ même. On devoit prendre le traité d'Amiens pour base du traité projeté entre la France, l'Angleterre et les autres puissances de l'Europe.

La France étoit fatiguée de la guerre, et le moment sembloit favorable au renversement du perturbateur de l'Europe. Cependant lord Lauderdal me déclara qu'il n'avoit pas des pouvoirs suffisans pour me donner cette assurance; que c'étoit avec Buonaparte seulement qu'il avoit ordre de négocier, et non avec une faction, quel que fût le motif dont cette faction seroit animée; que toutefois il alloit faire part à son gouvernement des ouvertures qu'il venoit de recevoir par ma bouche.

Mes relations avec lord Lauderdal se prolongèrent inutilement. Le général Servan, voyant que tant de conférences n'amenoient aucun résultat, me pria de lui ménager une entrevue avec le ministre anglais. Cette entrevue, malgré toutes mes tentatives, ne put avoir lieu. Lord Lauderdal étoit plutôt traité comme un prisonnier d'Etat que comme l'ambassadeur d'une grande puissance. Tous les yeux de la police étoient attachés sur lui, et par conséquent sur toutes les personnes soupçonnées d'entretenir avec lui des intelligences.

Cependant Buonaparte revint victorieux, et dans son plan insensé de monarchie universelle, il ne pensa plus qu'à réaliser ses projets sur l'Espagne, projets que le général Servan m'avoit fait connoître long-temps avant leur exécution, et dont je fis part à lord Lauderdal pour qu'il en instruisît le gouvernement britannique, et pour déterminer l'Espagne à entrer dans la coalition, moyen de salut douteux pour elle, mais le seul qui parût lui rester dans la crise terrible dont elle étoit menacée.

Je m'étois mis, à cette époque, sous la protection

de l'ambassadeur d'Espagne, le prince de Massaréno; mais j'étois violemment soupçonné. Je reçus l'ordre de prendre du service en France. Je feignis d'obéir; je quittai Versailles, où l'on m'avoit adressé un brevet, et après avoir déclaré que j'allois rejoindre le régiment auquel on m'avoit attaché, je me jetai dans la Vendée.

Ce n'est pas là, Sire, que je trouverai des accusateurs. Ces hommes dont le dévouement est éprouvé par tant de sacrifices, ces braves Vendéens qui, dans le désordre de leur patrie, dans cet oubli presque général de tous les principes sociaux, de tous les sentimens généreux, conservoient dans leur cœur la flamme de cet antique honneur, ce feu sacré qui dirigeoit toutes les actions des Bayard et des Duguesclin, ils m'ont tous connu, Sire, j'ai partagé leurs travaux, leurs périls, leurs craintes et leurs espérances. Ils ont connu le fond de mon âme, comme j'ai connu la leur. Ils m'ont trouvé à la hauteur de leurs sentimens; ils n'ont pas douté de mon amour pour votre Famille; ils n'ont pas à rougir d'avoir douté de ma foi; ils m'ont vu de trop près, Sire; j'ai vécu six mois au milieu d'eux.....

Je les quittai, emportant avec moi leur estime, et chargé de mettre aux pieds de Votre Majesté les hommages des principaux gentilshommes de ce pays, ceux de MM. Sapinaux, de Vaugiraud, de Desabbays, de Dulandrau, et de tant d'autres braves qu'il seroit trop long de nommer.

VOTRE MAJESTÉ daigna me recevoir à Winshted, et parut entendre avec un intérêt profond le rapport que j'eus l'honneur de lui faire sur la situation morale d'une province qui, après vous avoir sacrifié et son sang et ses trésors, n'aspiroit qu'au bonheur de pouvoir vous prouver encore son amour par de nouveaux sacrifices.

Après m'être acquitté de cette noble mission, je revins dans cette patrie de l'honneur et de la fidélité. Mgr le duc DE BERRY m'avoit chargé de dire à ces braves, qui ne respiroient que pour la défense de votre cause, que Mme la duchesse D'ANGOULÊME leur brodoit de son auguste main les drapeaux de la division des Sables.

Partout je cherchois à ramener l'espoir d'un meilleur ordre de choses, à ranimer les courages abattus dans des cœurs qui vous aimoient toujours, mais qui ne vous espéroient plus. Je parcourois les côtes, je cherchois à mettre les autorités dans les intérêts de VOTRE MAJESTÉ. Celles qui me paroissoient inébranlables, j'en obtenois le consentement de laisser introduire des marchandises anglaises en France. Je les rendois suspectes au gouvernement du despote, et les forçois, par ce moyen, de se rallier à la cause royale quand le moment seroit venu.

J'étendois ainsi mes ressorts aussi loin qu'il m'étoit possible. Deux fois je fus arrêté, retenu en prison, n'ayant d'autre perspective que la mort, d'autre consolation que de mourir pour vous. Mais je fus assez heureux pour échapper à la vigilance et à l'habileté de mes bourreaux. Je m'esquivai des cachots où j'étois retenu à Lorient, au moment où l'ordre de terminer mes jours alloit arriver de Paris; et, après avoir couru des dangers sans nombre, je me rendis à la baie de Quiberon. Là, je me disposois à retourner en Angleterre, lorsque je reçus des ministres l'ordre de rentrer encore dans l'intérieur de la France, et d'employer tous mes efforts pour seconder l'enlèvement du roi d'Espagne.

Après tant de travaux, de fatigues, de souffrances physiques et morales, qui n'auroit cru ma patience épuisée! Mais non, Sire, elle étoit fortifiée par mon dévouement à votre cause, par ma haine implacable pour vos ennemis.

Je rentrai dans la Vendée : le brave et généreux Desabbays voulut s'associer à mes dangers nouveaux. Il sut me ménager une garde fidèle pour veiller à la sûreté du roi d'Espagne, et pour protéger son évasion.

Vous le savez, Sire, dans les projets les mieux concertés, il se trouve toujours quelques circonstances ennemies du succès, et que toute la prudence humaine ne peut prévoir. Les fils les mieux tendus sont souvent ceux qui se brisent le plus vite, et les rouages qui paroissent les plus sûrs, se trouvent souvent arrêtés dans leur mouvement par des causes indépendantes de notre sagesse et de notre volonté. L'entreprise formée pour sauver le roi d'Espagne n'eut pas de succès.

Une profonde douleur s'empara de moi. Je commençai, pour la première fois de ma vie, à désespérer de votre cause. Je renonçai d'avance pour moi-même à toute perspective de bonheur; je ne soupirai pas même pour mon repos après tant d'agitations et d'anxiétés; je désirai la mort, et je me reprochai comme un crime d'avoir dérobé si souvent ma tête au glaive de vos ennemis.

Quel service en effet ne m'auroient-ils pas rendu! j'étois encore bien éloigné d'avoir atteint le terme de mes malheurs. Le plus grand de tous, celui que j'avois le moins prévu, m'attendoit à mon retour à Londres. Tandis que j'exposois ma vie pour vous, de vils calomniateurs cherchoient à l'empoisonner. Tandis que je faisois consister ma gloire à vous servir, ils profitoient lâchement de mon absence pour me déshonorer. Ces misérables, poussés par le sentiment d'une basse jalousie, ou pour faire oublier leur honteuse inaction et leur impuissance, cherchoient sourdement les moyens de perdre un homme dont ils n'auroient osé partager les périls. Autour de Vous, autour des Princes de votre auguste Maison, autour des Ministres du gouvernement anglais, ils faisoient circuler le bruit que je favorisois secrètement la cause de Napoléon; que je vendois au tyran la confiance de mon Roi et celle de la Nation qui vous offroit un asile. Ils avoient l'impudence d'assurer que j'avois même promis de remettre le duc de Berry entre les mains de Buonaparte ; que tous les royalistes de France soupçonnoient mon caractère, et me refusoient leur confiance. Et dans quel temps, SIRE, ces ennemis perfides et cachés me flétrissoient-ils ainsi dans l'opinion de VOTRE MAJESTÉ et des Princes pour qui j'aurois donné cent fois ma vie ? Dans le temps même où la police de l'usurpateur dont on me disoit l'instrument, faisoit jeter ma sœur et ma femme en prison ; dans le temps où tout ce qui m'appartenoit par les liens du sang et de l'amitié, où tous les hommes qui étoient soupçonnés d'avoir entretenu avec moi des relations, se trouvoient livrés à la persécution la plus active de la part de ce gouvernement pour qui j'étois censé vous trahir. Ainsi, par une destinée bien singulière, je me trouvois en butte à vos amis et à vos ennemis ; poursuivi d'un côté, parce que je vous étois fidèle, et de l'autre, parce que je ne l'étois pas.

Malgré tant de palpables absurdités, je fus jugé secrètement comme j'avois été secrètement calomnié. Il ne me fut pas même permis d'élever ma voix contre celle de mes accusateurs, et sans être entendu, je fus condamné à perdre l'honneur, déni de justice bien plus grave que si l'on m'eût ainsi condamné à perdre la vie.

Je reçus l'ordre de quitter l'Angleterre ; mais la calomnie traverse la mer avec moi et me poursuit en Espagne. J'aurois été sa victime, si le Roi d'Espagne n'avoit cru qu'il étoit de sa justice d'éloigner les coups qu'elle me portoit dans l'ombre, et si, par un décret daté du 6 octobre 1814, décret dont j'ai la copie légalisée et signée, il n'eût fait paroître mon innocence dans tout son jour et confondu mes perfides délateurs.

C'est avec ce même projet, SIRE, que je suis venu d'Espagne en France. Je suis venu me jeter aux pieds de mon Souverain, et lui demander, comme une grâce, ce qui m'est dû comme une justice.

Je vous supplie, SIRE, de ne pas laisser, pour toute récompense de ses services, un de vos plus fidèles sujets, gémir si long-temps sous le poignard de la plus noire calomnie; de nommer une commission devant laquelle je puisse citer publiquement mes accusateurs, et qui me rende une justice éclatante, s'ils n'osent s'y présenter, ou s'ils s'y présentent sans preuves.

A Lorient, à la Vendée, à Paris, à Versailles, je ferai une enquête; je citerai, s'il le faut, à ce tribunal tous les hommes d'honneur qui m'ont connu, à toutes les époques de ma vie politique et privée. Qu'ils paroissent, qu'ils viennent, ou pour m'accuser ou pour me défendre : je sortirai triomphant d'une lutte qu'un devoir rigoureux m'ordonne de provoquer.

Mon infortune suffiroit presque pour m'absoudre aux yeux de mes juges. Comment me croiroient-ils l'instrument d'un homme qui prodiguoit l'or à pleines mains aux complices de ses perfidies? Ah, SIRE! en voyant ma pauvreté, ils me reconnoîtront pour un de vos fidèles serviteurs.

C'est avec une soumission profonde, SIRE, mais c'est aussi avec une confiance entière que j'attends la décision de VOTRE MAJESTÉ. Mon fils qui vient de mettre le pied dans la carrière militaire, mon fils animé pour vous du zèle le plus ardent, veut savoir s'il est le fils d'un père déshonoré. Mon devoir le plus sacré est de lui conserver le seul héritage qui lui reste. Ma femme, fille unique de M. de Vaugiraud, réclame la même justice. Mais, SIRE, ma position exige que cette justice soit prompte; elle ne veut pas que je fasse un long séjour dans une ville où l'innocence achève sa ruine, si la fortune ne lui permet pas de soutenir ses droits.

Je suis,

SIRE,

De VOTRE MAJESTÉ,

Le très-obéissant et très-fidèle sujet,

Le Baron DE FERIET.

www.ingramcontent.com/pod-product-compliance
Lightning Source LLC
LaVergne TN
LVHW010339230826
846091LV00009B/3947